Il critico letterario Roberto Tortora legge "Le stagioni della lattaia"

A cura di

Salvatore M. Ruggiero

"*Da qualche parte nel mondo si conserva l'uso di ricordare ed onorare il compleanno dei morti. Al mio paese sembra che non esista più la Memoria! Quando un uomo muore finisce nel dimenticatoio. Lì la sua memoria rischia di evaporare per sempre. Per quanto alcuni viventi - consapevoli, o meno, d'avere poco o niente da dire - per la loro banalità hanno i modi di chi è già morto (mi ricordano l'anziano dottore visto in un vecchio film svedese degli anni '50). Al contrario, certi defunti, anche dopo il trapasso, con le loro ricche storie personali, ancora ci raccontano molto. E' come dire: Tutti muoiono, pochi hanno realmente vissuto! Alcune persone hanno lasciato una traccia - leggera o profonda - nella sabbia della Memoria e del Tempo. Spesso ci accorgiamo dell'influenza che hanno esercitata su di noi quando è ormai troppo tardi. In tal caso solo coi pensieri possono ricevere la nostra gratitudine. E' sempre da preferire la riconoscenza - anche tardiva - alla dimenticanza colpevole.*"

(da "*Le Stagioni della Lattaia - Il racconto breve della donna che mesceva il latte con altre sette piccole storie*" di Salvatore M. Ruggiero)

2

Alla cara memoria di
Roberto Tortora

Presentazione - Il mio personale ricordo di Roberto Tortora.

Io e Roberto, per una buona porzione della nostra vita, siamo stati solo cortesi conoscenti, ma non amici. Ci conoscevamo bene perché lui era un compagno di classe di mia moglie Patrizia e ci eravamo conosciuti personalmente proprio nei primi anni del loro Ginnasio, intorno alla fine degli anni '80. Avevamo continuato a vederci solo saltuariamente. Magari incontrandoci e salutandoci in occasione di qualche festa di compleanno di amici comuni di Formia che avevamo conservato proprio dagli anni del Liceo che anch'io avevo frequentato, qualche anno prima di loro. Le nostre strade si erano poi divise per via del diverso indirizzo di studi: io e Patrizia frequentavamo la Facoltà di Giurisprudenza all'Università La Sapienza di Roma; Roberto aveva prima scelto di immatricolarsi alla Facoltà di Architettura poi, preferendo seguire una sua passione innata per la letteratura, si era deciso a cambiare facoltà, iscrivendosi a Lettere, ma all'Università di Napoli. E questo è pure l'unico motivo per cui non ci siamo più rivisti fino agli anni '90. C'incontrammo un pomeriggio, casualmente, tra gli scaffali di un grande magazzino dove, sia io e mia moglie, che lui e la moglie, eravamo andati per qualche piccola spesa. I nostri incontri, in verita', erano sempre molto cordiali - devo dire - ma di una cordialita' poco più che formale, benché ripetuti quasi annualmente; una volta al cinema, una volta lungo Via Vitruvio, un'altra volta nel negozio per i neonati. Ma quegli incontri non sono mai sfociati in una promessa di frequentazione né - sia da parte mia che da parte sua - in una vera amicizia. Per mia moglie il discorso era diverso: loro due erano stati compagni di classe, ed essere compagni di classe è come fare il militare assieme: è un'esperienza che ti lega per tutta la vita. Le nostre strade erano però destinate a incrociarsi e quei rapporti poco più che formali ad intensificarsi e a rendersi più profondi proprio grazie alla nostra passione per la letteratura e all'amore comune per i libri e per la lettura. Nel 2010 ebbi finalmente la prima vera concreta occasione per invitarlo alla mia rubrica estiva di presentazione di libri e di scrittori: *"Incontro con* l'*Autore*" che, da qualche anno, curo e conduco in collaborazione stretta con l'Assessorato alla Cultura del Comune di Coreno. Avevo da poco appreso, dall'ultimo numero de "*La Serra*" - il periodico di vita di Corenese diretto dal compianto (anche lui) Tonino Lisi - della presentazione della bellissima raccolta di racconti di Roberto "*Quattro quadri per una spiaggia d'inverno*", appena pubblicata per i tipi del lungimirante quanto capace editore pugliese Manni. Pensai bene, quindi, d'invitare proprio Roberto Tortora alla mia rubrica. Devo dire che, sebbene conoscessi il professore per una persona che non s'infiamma troppo facilmente, sempre misurato e ponderato nelle reazioni, e schivo, quella volta mi sembrò palesemente entusiasta del mio invito, come se non se lo aspettasse; come se, per un eccesso di modestia, lo ritenesse esagerato, non commisurato al suo reale valore. Doveva avere di se stesso una scarsa stima: ma io, che in seguito ho imparato a conoscerlo bene, sono portato a credere che fosse solo questione di vera sobrietà. Era modesto come poche persone che ho conosciuto. Sobrio come solo le grandi persone sanno essere. A dire il vero e a volerla dire tutta, ero io che avevo temuto un suo diniego; avevo temuto di essermi sopravvalutato e di aver puntato troppo in alto; di aver chiesto troppo ad un giovane autore emergente e già apprezzato e pluri-pubblicato critico letterario. Si da il fatto che Roberto, quella estate, approdò a Coreno, nella Villa Comunale, dove trovò ad attenderlo una nutrita platea di bibliofili, tutti i suoi allievi affezionati - ex ed attuali - dell'ITC di Formia, me - naturalmente -, il preside Nilo Cardillo che parlò di *"scrittore vero, letteratura vera, libro vero*", e il mio amico e severo critico letterario, il prof. Dante Cerilli, anch'egli molto conosciuto nell'ambiente ed anch'egli entusiasta del suo libro. Mi confessò, solo molto tempo dopo, che non avrebbe mai accettato di presentarlo se non gli fosse piaciuto veramente e non avesse valutato convenientemente il pregevole valore artistico dell'opera. Anche tra loro due si strinse un'amicizia sincera, piena di significato e alimentata dai comuni intenti e dalla comune passione. Fu resa solo non facilmente praticabile dalla lunga distanza geografica che li separava e dal tempo che non c'era mai. Ricordo che quando comunicai a Dante della morte prematura di Roberto, fu costernato. A stento riuscì a trattenere la sua sincera, viscerale commozione, mi attaccò quasi il telefono in faccia oppure gli cadde dalle mani, forse aveva preferito restare da solo a versare le sue lacrime in onore e in memoria di un collega del quale, in futuro, avrebbe certamente sentito parlare e in modo assai lusinghiero. E del quale non aveva mancato di intuire la gentilezza e qualche afflizione di troppo, dovuta ad un genuino eccesso di sensibilità. L'occasione per *"farmi ricambiare* - da Roberto - *il favore*" che gli avevo reso quell'estate, venne l'anno dopo, quando si trattò di cercare un relatore per la presentazione del mio primo libro: "*Le stagioni della Lattaia*", la mia prima raccolta di racconti pubblicata nel 2011. Anche in questo frangente Roberto, al quale la semplicità non faceva difetto - lo sapevo bene e lo avevo apprezzato anche per questo - sembrò stupito che io chiedessi proprio a lui, e non ad altri critici, un contributo alla nostra causa comune, ma accettò sopraffatto dall'entusiasmo e animato da un grande, visibile, sincero senso di riconoscenza nei miei riguardi e nei riguardi dell'Amministrazione di Coreno che lo aveva apprezzato e, quindi, accolto con grande affetto e la reverenza che valeva. Immeritata per me; meritata per gli amministratori. La recensione del mio libro fu talmente piacevole e lusinghiera che ebbi quella sera stessa l'idea di pubblicarne a mia cura il testo integrale; fin da subito, fin da quella esaltante serata, assunsi con me stesso l'impegno a sbobinarla e a pubblicarla. Oggi, a distanza di tre anni, in concomitanza col primo anniversario della sua dipartita, finalmente sono riuscito a realizzare quello che per me e, soprattutto, per la memoria di Roberto consideravo un vero punto d'onore. Non ho mai pensato, anzi l'idea è sempre stata accantonata con decisione, che questa pubblicazione dovesse aiutarmi a vendere qualche copia in più del mio libro; piuttosto che dovesse renderlo più comprensibile; ed ho sinceramente pensato di dovere rendere questo mio piccolo ma significativo omaggio, non all'amico e nemmeno allo scrittore, ma all'uomo e, soprattutto, all'autorevole critico letterario che Roberto era e che ancora di più sarebbe diventato con la piena maturità dei suoi mezzi. E giungiamo, infine, alla parte più tremenda della breve cronistoria della mio sodalizio con Roberto. Eravamo ormai giunti al marzo del 2013. Si trattava per me di cercare, ancora una volta, l'ospite per la mia rubrica estiva, ed avevo pensato subito di chiedere a Roberto l'ennesimo sacrificio; da poco era uscito il suo primo, tanto atteso, romanzo ed era stato presentato con grande successo, ma non senza qualche inopportuno ed inutile strascico polemico, solo a Formia (Hormiae), la sua città natale. Perciò cercai di raggiungere telefonicamente Roberto al recapito che conoscevo bene, per averlo più volte adoperato in passato. Lo feci ripetutamente, per giorni; giorno dopo giorno, ma sempre senza ottenere risposta, né sua né dei suoi famigliari. Solo dopo i miei numerosi, ripetuti tentativi, che in qualche modo mi allarmarono anche, per avere finalmente sue notizie certe, mi decisi a telefonare a un amico comune, l'avvocato Michele Piccolino, scrittore e critico letterario anche lui. Il buon Michele mi rispose con tono drammatico e triste che, non solo Roberto non sarebbe stato disponibile per la presentazione del suo libro (considerava "*Tutta la luce del giorno*" un vero capolavoro); ma che, probabilmente, non sarebbe sopravvissuto fino all'estate, per godersi il meritato successo. La sua malattia era così grave, inarrestabile e - haimé! - inesorabile. Ecco perché a casa del mio amico nessuno aveva mai alzato la cornetta, nessuno aveva mai risposto al telefono: da un po' di tempo non c'era nessuno; la casa era rimasta praticamente disabitata: Roberto era da qualche settimana ricoverato all'ospedale di Latina, i suoi cari al suo capezzale, ai piedi di quello che sarebbe diventato il suo letto di morte. Lui sottoposto a cure poco più che palliative: la sua malattia letale e subdola lo avrebbe condotto alla morte entro appena qualche settimana. Dopo la sua morte ho letto il suo romanzo e ribadisco il giudizio che ne diede l'amico Piccolino: è un capolavoro, che consiglio a tutti di leggere e che accresce, moltiplicandolo a dismisura, il dispiacere per la perdita di un grande scrittore. Di un vero, sopraffino narratore. Roberto Tortora, per ironia della sorte, ci ha lasciato proprio il giorno del mio compleanno: il 6 giugno del 2013. Trasformando così una mia bella e personale ricorrenza in una data infausta e funesta. Ma proprio questa spiacevolissima, tristissima coincidenza, insieme ad una stima umana e artistica che in cuor mio ho sempre sperato essere profonda ma, soprattutto, reciproca, ha finito per legare per sempre e indissolubilmente al mio destino, l'ultimo tratto del suo percorso terreno. Lo ha fatto nel modo migliore per l'uomo: con un ricordo delicato, caro e sempre vivo, che mi porto appresso e che custodisco gelosamente "...*come se fosse una coppa di latte appena munto che non si vuole versare. E* (quella memoria) *sarà per me un conforto, qualcosa in cui credere*." Finché sarò vivo!

La recensione de
"*Le stagioni della lattaia*"
del professor
Roberto Tortora

La presentazione di questo libro[1], che è dello stesso autore, incomincia con delle parole molto dure:*"Vivo in un paese brutto. Brutto, perché maltenuto; brutto, perché cresciuto disordinatamente - senza armonia; brutto, perché disseminato di case senza facciata; brutto, perché zeppo di stabili fatiscenti coi muri crepati."* Questo inizio che è un po' un pugno nello stomaco, specialmente pronunciato stasera a Coreno, di fronte ai lettori che abitano questo paese, è però necessario per comprendere lo spirito del testo, perché subito dopo

---

1   Coreno (Fr), una sera d'agosto del 2011.

l'autore ci da la chiave per entrare in ognuno dei sette racconti, infatti ci dice che lui immagina come doveva essere prima, prima cioè che s'imbruttisse e questa immaginazione naturalmente ha tutto a che fare con la fantasia, ha a che fare con il movimento del cuore, col sogno e con la speranza. E però si incarna in un linguaggio che da solo esprime questo sogno e questa speranza. Il paese come lo immaginava Salvatore Ruggiero è di questo tipo: *"Se chiudo gli occhi le vedo ancora le sue case basse: paiono reggersi lungo il pendio scosceso, puntellate nella terra e nei sassi. Sembrano gatti che si reggono sul sofà con gli artigli ficcati nello schienale. Sono addossate, appiccicate una sull'altra, a modellare i minuscoli, caratteristici borghi, stipati di portici archi e loggiati, che conservano ancora il nome degli edificatori primordiali".* Anche il linguaggio, cioè anche la cadenza delle frasi ha addirittura la musicalità della poesia. Che cosa voglio dire, voglio dire che di fronte ad una realtà che non è più soddisfacente l'autore si rifugia nella memoria, nel sogno, nella speranza e, soprattutto, nella cultura per ritrovare un mondo che sia più vivibile. Da questo punto di vista si capisce per quale ragione la copertina del libro è il celeberrimo quadro "*La Lattaia*" di Vermeer. Questa donna ritratta da Vermeer in una atmosfera sospesa, in una luce irreale, in una luce che rappresenta un mistero per tutti gli appassionati e i critici d'arte, è in qualche modo anche la protagonista della prima storia. Perché dico in qualche modo, perché in effetti Salvatore vorrebbe farci credere che questa donna che mesceva il latte è realmente esistita, forse era una, forse erano due che si somigliavano. Cioè due personaggi della realtà corenese che lui ha studiato da vicino, che ha visto, che ha seguito nei minimi dettagli e che ha descritto nei minimi dettagli. Però c'è un momento molto importante, quando racconta questa storia: la mamma gli dice di andare a prendere il latte, lui bambino va a prendere il latte, si ferma davanti a questo palazzo antico, nobiliare, si aggrappa al batacchio e con un saltello entra nel palazzo. E qua lo scenario cambia, perché è vero che viene descritto con grande precisione realistica, ma è anche vero che il personaggio ritratto, e l'ambiente ritratto che è questo della copertina e non è quello storicamente esistito, della lattaia corenese, ebbene quel personaggio si carica di significati altri, di significati molto più profondi. Salvatore Ruggiero ha profondamente amato questo quadro, e probabilmente anche lui, come milioni di altri visitatori dei musei olandesi ha visto in questa donna l'eterno femminino, ha visto il mistero dell'erotismo, ha visto le sensazioni calde che sono legate al latte che scorre, ha visto questa luce che ci avvolge quando abbiamo bisogno di protezione, ha visto anche un richiamo - detto esplicitamente

- di tipo sessuale. Questa donna, che non era bellissima, ma in qualche modo era attraente. Leggete il racconto, guardate come è vestita, guardate l'ambiente in cui è inserita e vedrete che è il quadro, non è la donna realmente esistita. Naturalmente questa non è una mistificazione, non è una frode di tipo letterario, è soltanto un gioco molto sottile che fa l'autore, cioè si tratta di una convergenza di due linee, di due linee narrative che procedono da direzioni opposte. Da un lato la volontà di recuperare qualcosa che è realmente esistito, perché una lattaia di questo tipo probabilmente è esistita, anzi, sicuramente è esistita a Coreno; dall'altro lato, però dall'età adulta arrivano le suggestioni, la consapevolezza culturale, il piacere della cultura, e - io direi - il bisogno della cultura. La cultura, il piacere estetico, la contemplazione dei quadri come necessità dell'anima, per sopravvivere in un mondo che probabilmente non è più soddisfacente. Ecco perché prima ho dovuto incominciare con quelle frasi dure su Coreno, non è Coreno in se, io credo che sia questo mondo, in se, questa realtà nella quale siamo costretti a vivere, che non è più soddisfacente. Forse non lo è mai stata soddisfacente, proprio perché misurata, cioè legata ad una dimensione certa, quantificabile. la persona di cultura evidentemente ha bisogno di altro, deve respirare, e il respiro sta nella bellezza, per esempio nella bellezza di quadri come questo di Vermeer. Questo gioco, che io credo di avere intravisto - voglio mettere tra parentesi subito che si tratta di una lettura personale, quindi può essere discussa - ma è anche un invito a voi a leggere il libro e a decidere successivamente se prevalga una descrizione di tipo naturalistico o una descrizione di tipo anche simbolico. Io credo che ogni personaggio di questi sette racconti sia - per dirla tecnicamente - contemporaneamente *"lettera"* e *"figura";* ogni personaggio è descritto come se fosse passato al microscopio, l'autore - Salvatore Ruggiero - indugia sui minimi particolari; si ferma su quegli aspetti che noi normalmente trascuriamo, dico noi che passiamo per la strada, che incontriamo le persone. *Lui*[2], invece, si ferma su questi aspetti. Tecnicamente, nella narrativa, queste sono *"pause"*: nel racconto non c'è azione, non c'è dinamismo, ma lui si ferma,

---

2   L'autore.

si sofferma, perché per lui quegli aspetti sono importanti, e in qualche modo devono trascinarci, trasportarci nella realtà in cui quei personaggi erano calati. Però, attenzione, ogni volta, Salvatore Ruggiero deve affiancare ad uno di questi personaggi, realmente esistiti, ad ognuno di questi corenesi, un personaggio che oramai fa parte dell'immaginario universale. Poco fa vi ho parlato del quadro, "*La lattaia*" di Vermeer, ma ce ne sono altri: per esempio c'è Charlot, prima la dottoressa D'Aniello[3] ci ha parlato di Gerado, questo personaggio naif, molto segnato

---

3   L'altra relatrice.

dalla sorte, che potrebbe essere lo scemo del villaggio, che potrebbe essere il matto, che potrebbe essere il personaggio fuori dagli schemi, quello che normalmente evitiamo; una faccia grottesca, un corpo grottesco, quel tipo di personaggio solitario, però è contemporaneamente l'uomo che non ha regole, che non deve sottostare a nessuna legge, e che dunque può permettersi di vivere una vita autentica, perché anarchica; è quel tipo d'individuo che noi probabilmente scansiamo, ma allo stesso tempo in parte lo invidiamo, perché ha quel dono, ha quel potere di vivere fuori dalle regole, che tutti vorremmo avere. Altri personaggi della cultura, altri personaggi che sicuramente sono ancora più significativi, non solo per noi, ma in modo particolare, per l'autore, che non a caso questa sera è venuto munito di un libro[4] che non è il suo libro, ma è il libro del suo regista preferito, ma è anche probabilmente per lui una specie di bibbia, una specie di bussola. In uno di questi sette racconti viene descritto ancora una volta un uomo, tratteggiato nei suoi aspetti caratteristici, apparentemente molto realistico, apparentemente

_____

4 *Lanterna magica* di Ingmar Bergman.

molto naturalistico, ma poi con un salto nell'immaginario, con un salto nella cultura, ecco che viene paragonato ad un personaggio del cinema di Ingmar Bergman, viene paragonato ad un personaggio interpretato dall'attore Max von Sydow, addirittura, cioè dal piccolo microcosmo corenese, da questa realtà minuziosamente descritta di Coreno ci trasferiamo in un mito della cinematografia universale, "*Il settimo sigillo*"[5]. E che cos'ha di particolare questo personaggio bergmaniano? E' uno che quando sente l'alito della morte

_____

5   Tit. orig.le "*Det sjunde inseglet*", 1956.

sul collo chiede alla Morte una piccola dilazione, chiede un supplemento di tempo. Il tempo di giocare una partita a scacchi, per avere ancora una parte di tempo da vivere. Allora questo personaggio di Coreno chi era? Era un uomo che aveva questa facoltà, aveva cioè il potere, il desiderio, il piacere di prendersi il suo tempo. Ancora una volta quello che cova dentro molti di noi, quello che spesso non riusciamo a fare; ma che in qualche modo vale come ambizione e come speranza. Ritorno un momento alle Sorelle D'Alessandro. Anche qui due personaggi caricaturali, la dottoressa D'Aniello prima ne ha messo in evidenza delle parti che appunto richiamano queste figure un po' stregonesche, quasi da maga, da strega delle fiabe. Però è anche vero che loro vivono in un bazar, e questo bazar che cos'è per gli occhi di un bambino?E' un piccolo mondo, strapieno, stipato di realtà, più di quanto un bambino non riesca a concepire. Infatti Salvatore Ruggiero ci dice che lui bambino entrava in questo negozio e trovava sempre quello che voleva, qualunque cosa chiedesse. Ma anche questo è un luogo magico, perché queste due donne mettono in evidenza una particolarità della loro professione, del loro mestiere, che è quello di venditrici, che io credo in qualche modo sia rimasto anche nella vita adulta di Salvatore Ruggiero[6]: la capacità, cioè, di saper porgere gli oggetti, di saperli vendere, di saper incantare il compratore, e quindi di saper fare il proprio mestiere di mercante, in una maniera in qualche modo ineccepibile. Perché loro raggiungevano sempre il loro scopo. Vi assicuro, non mi ero messo d'accordo con Salvatore, non avevamo concertato questo tipo di rappresentazione, ma mi è

---

6   L'autore nella vita è un commerciante.

sembrato di dover cogliere questo nesso, ripeto un personaggio corenese scolpito nella realtà di questo paese che sembra unico, perché il personaggio è realmente esistito, è però direttamente legato ad un mito universale, che è appunto il cavaliere che chiede tempo alla morte. C'è un altro racconto, ed è quello del Funaio, anche questo un personaggio che faceva un antico mestiere: intrecciava funi, ma era anche scalpellino, un personaggio quindi molto caratterizzato storicamente, socialmente, fisicamente, eppure Salvatore Ruggiero lo paragona a qualcuno, a qualcuno che sta oramai nella storia della letteratura, e cioè a Nero Wolfe. E nel tratteggiare la figura del funaio, in realtà Salvatore Ruggiero delinea la sartoria, delinea il calzaturificio, delinea i piccoli vezzi che hanno fatto popolare il Nero Wolfe di Rex Stout, soprattutto nella versione televisiva che ne ha dato la RAI italiana quando era ancora una RAI gloriosa, con l'indimenticato Tino Buazzelli, che interpretava questo personaggio di Rex Stout, investigatore finissimo, raffinatissimo, che aveva l'hobby di coltivare orchidee, che risolveva casi irrisolvibili senza muoversi dalla sua poltrona, avendo sempre a disposizione almeno tre birre, e con una classe che era un tratto di verità, nonostante il suo aspetto decisamente fuori misura. Un po' come il funaio citato da salvatore Ruggiero. Finisco anche io con la figura del padre. La figura del padre per la quale, naturalmente, non è necessario richiamare un altro personaggio, perché è talmente forte, sul piano affettivo, sul piano psicologico, che è di per se figura di riferimento universale. Il padre di Salvatore Ruggiero è l'unico che in questo libro non è rapportato a nessun altro personaggio della nostra cultura. E' lui il personaggio. Però qua Salvatore compie un'altra operazione, cioè tende ad identificarlo nell'aula. Quindi questa volta non è tanto la persona quanto il luogo in cui quella persona in qualche modo si ritrovava. Perché l'aula scolastica nella quale il padre di Salvatore insegnava di mattina, come maestro, di pomeriggio diventava la biblioteca[7]. E allora signori qua il cerchio si chiude: la biblioteca frequentatissima dall'autore, come lettore, prima ancora che come figlio, come lettore, è il luogo dei libri, e attraverso i

7 Il centro di lettura.

libri Salvatore Ruggiero ha costruito quella cultura, cioè quella geografia di miti universali che sono entrati in questo libro; che sono stati rapportati uno per uno ai diversi personaggi corenesi. Io, in conclusione, credo che si possa dire che per ogni personaggio, per ognuna di queste storie ci sia questa doppia prospettiva - per lo meno, mi è piaciuto leggere il libro in questo modo - una doppia prospettiva: da un lato quella fortemente realistica, che è uno spaccato di vita degli anni '60; spaccato prezioso sul piano sociologico, sul piano storico, anche sul piano letterario. C'è poi un'altra prospettiva, molto più sottile, più profonda, meno scoperta, ma anche seducente perché invita ciascuno di noi nelle singole storie e a scoprire cosa questi personaggi hanno lasciato dentro l'autore. Allora io credo che non si tratti solo di vedere il mondo esterno che ha circondato Salvatore Ruggiero, ma si tratta anche di vedere il mondo interiore dell'autore. Più che uno specchio ad una sola faccia direi che questo libro è un prisma: ogni faccia rimanda un lato del carattere dei personaggi: l'amore per i libri; l'amore per il cinema; l'amore per la pittura; l'amore per le

cose buone, fatte a mano; il
richiamo erotico; il desiderio di
considerare la vita anche
ludicamente; il piacere di
abbandonarsi anche ad una
considerazione del tempo più
lunga, più intensa, più sospesa,
di come siamo abituati dai
nostri ritmi.

Breve biografia di
Roberto Tortora

Roberto Tortora è nato a Formia (Lt) nel 1962 ed è morto a Latina nel giugno del 2013, dopo una breve, anzi fulminante malattia.

E' stato autore di una ricerca narratologica: *Laboratorio del Verga minore in AA.VV. Da Verga ad Eco*", Pironti, Napoli, 1991. Ha collaborato con saggi letterari alle riviste *Arenaria*, *Pagine, Letteratura&Società*, oltre ad essere stato redattore della rivista on-line *Terpress*. Con l'Editore Manni ha pubblicato nel 2009 la raccolta di racconti *Quattro quadri per una spiaggia d'inverno*". Il racconto *"Un biglietto per il Paradiso"* è stato inserito, nel 2012, in una antologia di autori curata da Giulio Perrone. Ha frequentato il laboratori di scrittura creativa della RAI. Nel 2013, poco prima della prematura scomparsa, ha pubblicato il suo primo romanzo *"Tutta la luce del giorno"*. Non è assolutamente esagerato né azzardato pensare e sostenere, come molti - compreso me -

pensano e sostengono che Roberto Tortora era una promessa *certa,* nel senso che *certamente* sarebbe diventata realtà, sia della narrativa, che della critica letteraria nazionali.

AVVERTENZA

La recensione del prof. Roberto Tortora è stata ottenuta dalla *sbobinatura* della registrazione audio contenuta nel filmato originale della serata della presentazione del libro "*Le stagioni della Lattaia*" di Ruggiero M. Ruggiero, concesso gentilmente da Ruggiero Gaetano, autore delle riprese. Tale *sbobinatura* contiene naturalmente delle asperità, dovute al semplice motivo che quasi nessuno parla e scrive allo stesso modo: una cosa è parlare, come ha fatto a braccio Roberto Tortora in quella bella serata d'agosto nella Villa Comunale di Coreno Ausonio; altra cosa è scrivere con maggiore accuratezza - avendo più tempo - con maggiore attenzione a quanto si afferma e badando anche alla forma, oltre che alla sostanza. Ho voluto conservare la scrittura così come è derivata dalla *sbobinatura* per conservare la naturalezza e anche la schiettezza delle affermazioni del prof Tortora, dell'amico Roberto. Non ho aggiunto, né tolto nulla, a quanto detto da lui, per riportare in piena fedeltà il giudizio del mio recensore dal quale mi sono sentito lusingato, oltre che sopravvalutato, al di la' dei miei reali meriti.

Grazie Roberto, con me sei stato molto indulgente.

Per questo motivo - ma non solo per questo motivo - ti ricorderò sempre caramente.

Alcuni link dei filmati che riguardano Roberto Tortora

https://www.youtube.com/wat
ch?v=ThVNBP7W5f

https://www.youtube.com/wat
ch?v=3pxWdTxVegU

https://www.youtube.com/wat
ch?v=gurn1gGV5Sc

INDICE